JN440034

빨간 우체통

빨간 우체통

이광수 시집

그루

시인의 말

어머니께서 임신 중 마차에서 떨어져 다치신 뒤 아버지께서는 내 태명을 '바우'라고 붙여 주셨고, 출산하여 꺼져 가던 생명의 불씨를 겨우 건졌건만 설상가상으로 6·25 피난살이로 인해, 그야말로 병약한 것 이상으로 생명줄이 풍전등화였던 유년 시절에는 명호明虎라고 아명을 지어 주셨다. 당시 동리 사람들은 경상도 발음으로 '맹호'라고 불렀다

'바위가 굳어진 내력'이라는 졸시는 내가 중학교 2학년 문예부 시절의 첫 작품이며, 아버지의 극진하신 보호로 이십 대 후반에야 우체국에서 첫 사회생활을 경험하며 '빨간 우체통'이란 졸시를 썼다.

스물여덟 살에 결혼하여 가볍지 않은 마음으로 기독교에 신앙의 자유를 선택하며 우십 대 이후에 '사랑의 깊은 의미'란 졸시를 써서 교회 청년들과 소통하였다.

2022년 가을

이광수

차례

제2부

제3부

제4부

제1부

빨간 우체통

속도 겉도 빨갛다
빨간 내 가슴엔 사랑의 문이 있다
남의 사랑만 간직하는 문
온종일 서 있으면 피곤도 잊은 채
심장에는 고동소리가 울린다
통통통
하나 둘 별빛이 되어 쌓이는 사연

비워도 비워도
쌓여만 가는
속 깊은 사연들

하지만 세상사 허무해
수많은 사연들도
내 곁에서 떠나가면 그만이다

속도 겉도 빨갛다
그래서 그런지

떠나간 빈자리에 언제나
빨갛게 사랑이 타고 있다

소망

하늘을 보며 살아간다
그저 푸른 하늘이 좋아서
하늘만 보며 살아간다
삶의 가시가 쉴 새 없이 찔러대도
저 높은 하늘 속에 둥둥둥
구름 빛깔이 너무 부드러워
아픈 줄 모르고 살아간다
하늘 속엔 아름다운 기도가 있다
깨끗한 믿음이 있다
넓은 풍요가 있다
내 가슴의 포부 하나가 하늘로 올라간다
사람들은 다 땅에서 태어났지만
빛나는 소망은 하늘에 두고 산다
사람들,
사람들은 산 너머 산 너머
파란 하늘빛을 찾아간다
그것이 인생의 소망 유토피아가 아닌가

사랑의 깊은 의미

텅 빈 웃음보다는 청결한 슬픔이 좋아
때로는 눈물로 가슴을 태웁니다

조소하며 휘젓는 교만한 웃음보다
당신을 이해하는 사랑의 슬픔은
어쩌면 백합같이 순결한
그리스도의 표상

그리스도는 언제나
기도하고 우셨지요
주홍같이 물든 나의 죄악 때문에
겟세마네 동산에서 우신 예수님

당신을 깊이 사랑하기까지는
나 슬픔으로 채우렵니다
이 죄악을 씻기까지는
눈물로써 맑히어 보겠어요

바위가 굳어진 내력

숲길 위엔 바위가 있었습니다
바위는 천만년이란 긴 세월을 보내고도
행복이란 전혀 모르고 지냈습니다

행복은커녕
여름의 소나기는 바위를 두들겼고
겨울의 눈보라는 바위를 휘몰아쳤습니다

그러나 바위는
좁다란 숲길 위에서
굳고 단단한 스스로를 지키면서
참아야만 했습니다

모진 세월이 가고 또
지나갔습니다마는
바위는 스스로의 의지로 참아냈습니다

이제

번개도 뇌성도 두려워하지 않는
그런 굳센 바위가 되었습니다

블랙커피

커피 그
식물성 본향은
카페인

입술에 젖어오는
감촉은
삶의 고진감래

참된 행복은
절정의 감미로움보다
상반된 우수와
약간은 쓰디쓴 미각
커피향에 스미는
씁쓸한 정감이여
사랑을 갈망하는
내면의 쓴 호수

한 잔의 블랙 속에

명상의 시가
찰랑거린다

강물처럼

내가 산산이 부서질 때도 헛말이라도
건방진 소리 한번 하지 못하고
속병 앓듯 살아온 날들
이것이 인생이냐고 내게 물어봅니다
어둠에 휩싸여 때로는 남들에게 무시당할 때
작아지는 내 모습이 너무 서러웠습니다
그럴 때마다 슬픔은 오히려 나를 반격하고
낮은 자리에서 성실히 사는 생을 욕되게 만들었습니다

지난날들이 후회되지는 않습니다
하늘에 먹구름 끼고 뿌연 안개 덮여
비가 억수같이 내린 뒤에 개인 하늘이
유난히 더 푸르게 보이는 것처럼
소중한 경험이 되었습니다

이제 굽어졌던 내 삶을 펴보고 싶어요
가슴 가득히 물결치는 강

아직도 나는

사람들을 만나면
속내를 밝히고
친하고 싶은데
나는 또 망설인다

실수나 하지 않을까
속마음을 너무 내보이면
실망하지 않을까

내 마음은 이미 속속들이
남에게 읽히고 있는데
갈고 닦지 못한 나는
늘 내 속에 갇혀 있네

유리창 닦기

사노라면 아픔들이 몰려와
영혼 속에
덕지덕지 붙어 오는 찌꺼기들

물로 말갛게 씻어 버리자
내 삶을 통째로 바깥에 내어놓고
세제로 말끔히 씻자꾸나
이런 제기랄!
파리들은 언제
내 얼굴에 분뇨를 갈겼을까
씻어버리자, 씻어버리자
푸른 하늘에
내 영혼이 환히 비치도록

뽀드득 뽀드득
반짝반짝

안갯빛 시야가

수정처럼 맑아지고
어디선가 빛나는 속삭임
풍경화가 된 내 몸속 어딘가에
산뜻한 향기로 다가온다

잉글리쉬 페이션트

사랑은 모든 것을 원하지
이탈리아의 산 지롤라모 빌라에서
만난 네 사람
그 중에서 여자 간호사, 캐나다 출신의 젊은 해나
화려한 시대를 마감한
고통받는 병사들 속에서 애정을 읽는다
야전병원…
흔들리는 불빛 속 폐허의 전장에서
영국인 환자가 불길 속에서 건진 책은
그녀 생애의 절반을 차지했다
아, 우리 시대의 오염된 사랑보다
더 아픔을 지닌 이름모를 영국인 환자
도둑이었던 카라바조
불발탄과 지뢰를 수색 처리하는 킵
이태리의 한 빌라에서
상처받은 4인의 무채색 사랑 이야기
섹스, 비의 앙상블, 떠돌이 사막
죽음으로부터의

고독으로부터의 위로였을까
하지만 절망이 있을 때도
우리의 갈망은 희망의 빛인 것을
이 빛은 영혼의 빛, 빛나는 꿈
우리 안에 지닌 성스러운 숲
한 편의 영화처럼
오늘도 애정의 역사는 흐른다

생일

하늘에 구름 가득
간간이 비 내리고
메말랐던 대지를 촉촉이 적시면서
하루가 오고 있다

오늘은 내가 이 세상에 태어났던
가장 아름다운 날
살아 있던 모든 것 앞에
새 생명을 알리던 날

영원한 피안에서
실존의 세계로 도전하던 날
그날로부터 오늘까지
이 세상 넓고 아늑한 자연 속에
나를 맡기고 순응하며 살아왔다

살아온 날이 길었지만
새신랑처럼 다시 새롭게
마음이 설레고 싶은 날

오늘 하루

하늘가에 조각구름이
하루를 여미고 있다
짙은 회색 크레용으로 멀리서부터
풍경을 지워 오는 어둠에게
별을 그리려고 빈 하늘이 다가온다
아파트 높이만큼 올라가던 세상 이야기들이
시간 속에 묻히고
밤을 정돈하는 하나님의 음성이 은밀하게 들려오면
사람들은 저마다 외로운 가슴속에 불을 지핀다
해가 뜨고 지고
별이 쏟아질 때면 하루가 가고
기쁨과 슬픔이 어우러진 사이로
세월이 빠르게 지나가고 있었다

아파트

사람들은 왜
높고 낮은 편견이 있을까
하나님이 주신 본분을 따라
제각기 맡은 일에 최선을 다할 뿐인데
귀천이란 낱말은 누가 만들었을까
창문을 열고 올려다본 아파트엔
모두 앉은 자리만큼의 화평을 지키고 있는데
살아가는 눈빛은 왜 사람마다 다를까
침실, 주방, 거실
있어야 할 그것들 외에
나름대로의 취미를 가꾸는 소품들
가장 소중한 건
제자리에 정돈된 비뚤지 않은 영혼
베란다마다 화분이 있고
가꾸는 자의 정성을 따라 웃고 있다
평등은 하나님의 뜻인데
사람들이 등급을 정하고 있다
아파트에는 앉은 자리만큼의 평등이 있고

높이 올라갈수록 넓어지는 세상만큼
스스로의 균형을 잃지 않는다

문학에게

편지를 쓴다
시간이 사면을 쪼개어 나가고
그 어느 공간에도 불붙을 수 있는
사랑을 안고
너에게 편지를 쓴다

어릴 적부터 지녀 왔던 낭만을
생존에 오염된 지나친 성숙의 공간에
삽입하여
쓰다가 쓰다가 지치는 편지

미숙한 언어들이
서로 마주보며 근심하지만
어느덧 열망에 잠겨 밤을 설친다

과욕과 억지와 무능
사랑은 힘든 것이다
별처럼 꿈만 가득하고

인생의 문학을 꽃피울 때까지
철들지 않은 습작, 용서를 빈다

생의 숲속에 바람이 불고

산다는 건 마음을 비우는 것
내 마음에 쓰잘데없이
축적된 그리움을
허공에 띄워 보낸다

외로움을 삶의 향기쯤으로 아는
나의 속성은
사계절 바람으로 태어나
풀잎에 꽃잎에 입맞춤하고 싶다
속내를 밝혀 말하고 싶진 않지만
산다는 것이 그리 쉽지만 않던
내 안의 세상

서울 어디엔 퇴비로도 쓸 수 없는
공해를 먹은 풀들이 자란다는데
이처럼 황량한 세파 속에
사랑하지 않으면 속절없이 외로운
우리들 삶 속에 바람이 인다

상냥한 미소를 지으며
얽힌 속내를 달래야 하나
그래도 열차를 타고 가면
시원한 풍경 속에 부는
그 바람이 새롭다

외로울 때 구름이란

그리움이 방황할 땐 새털구름
포근히 안겨 오면 뭉게구름
그러다 시들해지면 먹구름
상사병 멍든 가슴은
금세 비구름 되어
온 지면을 적십니다
사랑이여
당신의 이름은
언제나 구름 속에 그 자취를 감추며
내 마음속에서 숨바꼭질합니다
못 견디게 그리운 날
작은 소망의 구름 배를 타고
무지갯빛 장식을 하고
하늘바다를 저어 가고 싶어요

나이테

나이테만큼 수심에 차 있다
때로는 속병 앓듯
초라한 자신을 보기도 하고
뼈저린 노동의 대가보다
인격을 침식당할 때
잠 못 이루기도 했지만
그래도 내 얼굴을 스스로 외면할 수가 없다
낮은 자리에서 성실함을 배우며
외로움을 속살에 숨기고
이 세상 어디서나 버팀목이 되어
살고 싶었다

지금도 변함없이 나이테만큼
싱싱한 믿음으로 살고 싶다

제2부

부부

부부는 숫자 11처럼 서로 마주보는 사이,
극장가 11번지 대형 스크린이다
화면이 열리기까지 실내는 캄캄하다
장막이 서서히 걷힐 때쯤 주인공이 나온다
천생의 인연 같은 숫자 11의 출연이다
숫자 11은 언제나 주연배우다
관객의 반응은 어떨까
삶은 늘 상대성 원리를 가진 지렛대다
대형 스크린 속에서 그들의 연기력은 훌륭하며
완전 생방영이다
하나 그들의 존재는 세상 속의 많은 출연자 중에 모래알 같이
미약한 존재임을 부인할 수 없다
삶은 오묘한 것
희망은 햇살 따라 숫자 11 사이로 스며든다
높은 산에 오르기도 하고
행운이 따르면 낮은 산이나 들을
시원하게 달릴 때도 있지만

특이한 건 오뚝이처럼 하늘을 향해 언제라도
우뚝 설 수 있는 것이다
마주선 두 사람 그들은 남자와 여자다
천생연분 아름다운 사랑을 갈망하며
서로의 깊이를 탐닉한다
그들은 또 침착하게
자신의 삶을 조명할 줄 안다
자신을 촬영하는 일
두 다리 꼿꼿이 서서 미래를 바라보면
아, 열을 채우고도
하나를 더 남길 수 있는
진리의 숫자가 보인다

동갑내기

사랑하는 친구여
우린 서로 닮은 동갑내기들이구나

애초에 만남의 기약이 없었지만
지나온 생의 길이가 똑같아서
어느 순간부터 이렇게
소중한 인연을 갖게 되었구나

서로의 추억들이
한 시대의 흐름이 되어
꿈같이 지나온 날들
옷깃 여미고 살아온 세월

친구여, 우리가 만난 것이 우연이 아니니
이제 재잘대며 우정으로 뭉쳐 보자

바람이 불 때마다
빈 가지들이 흔들릴 때마다

옛날 버스

승용차만 타다가
오랜만에 타 보는 버스는
잊지 못할 향수이다

삶이 편해졌다고
다 좋은 건 아니다
오붓한 정서가 스며 있어야.

꽉 조이도록 붐비던 옛날 버스 좌석이
지금은 텅 빈 마음처럼 좌석이 비어 있다

왠지 맘이 찡하게 울려온다

다리에 대하여

기초석이 튼튼해야
다리가 견고하다

육중한 자동차가 다니고
모든 삶의 짐들이
다리 위를 통과한다

다리는 그냥 다리가 아니다
무거운 영혼의 짐들을 덜어 주는
유일한 교통이다

내 몸을 지탱하고 있는 두 다리도
영혼과 삶의 짐을 잘 버티는
건강한 다리가 되어야 한다

식탐食貪

지나친 식탐은 어리석다
알맞을 때에
마음을 비워야 한다

몸은 한계가 있는데
너무 심취하면
몸이 쇠하게 된다

아쉬울 때 숟가락을 놓는,

매사가 그러하다
삶이 곤경에 들기 전에…

이정표

강 위에 다리가 놓여 있다
다리는 또 다른 길을 이어 준다

사람들이 만든 길은
열려 있어서
자유롭게 어디든
갈 수 있다

저마다
어떤 길을 걸어갈까.

풀꽃

작은 이슬로도
수줍었던 풀꽃 위에

산들바람 산들 불고
둥실둥실 은비 내리니
여린 잎사귀 춤을 춘다

숲은 온통 젖어들고
반짝이는 초록 보석

풀꽃 위에 총총
생기가 돋는다

분재감상盆栽感想

낮게 포복하여
고개 쳐들고
수형樹形의 굴곡 사이로
하늘을 본다

거칠은 피부 색깔의 노송老松
송운松韻의 기품인가
거기다 석부작石附昨*

돌벽 사이 층층이
새순 돋아
노심초사 갈고닦은
분재미학盆栽美學이 돋보이네

도형석島形石이다
풍랑 속의 경관은
인간의 정밀한 내공

가장 낮은 곳에서

큰 행복

자연을 가꾸는 참된 기쁨

*석부작 : 난이나 분재 따위를 돌에 붙여 자라게 하여 만든 관상 장식품.

화초에 물을 주는 시간

푸른 날들 속에
푸른 생각을 한다

지순至純한 마음으로
기도하며
확 트인 창밖을 바라보면
살아가는 맘 늘 설렌다

잠시라도 사랑하지 않으면 안 된다

자고 깨면 기다리는 날들

삶은 초록, 초록은 사랑이다

화초에 물을 주면
영혼도, 흐르는 시간들도
행복한 꿈을 꾼다

난蘭

앵두 입술 하고서
고운 눈빛
실비단 하늘 바라본다

나들나들한
초록 치마저고리
가볍게 흩날리며
이 험한 세상
청아한 삶의 가닥
가녀리지만 단정하다

벚꽃 이별

4월의 벚꽃은
짧은 만남이지만
화려한 추억이다

수많은 사람들이 찾아와 반기면
정겨운 눈빛 못 잊어

봄빛은 꽃비에 농익어
이별조차도 향기롭다

낙엽은 초록으로 이어져

넘쳐나던 잎들이 떨어지는 것은
반란이 아니다
스스로의 슬픔을 갈색으로 물들이며
이제는 되돌려 줄 인생의 외로운 길

어느 날엔가
빛나던 생애는 저물고
황혼의 가을 길에 쌓여 가던 낙엽은
따뜻한 모정의 흙 속에서
새싹을 품는다

꿈은 언제나 먼 곳에서 이어져 초록으로
저 아픔 끝에서
찾아오는 봄을 붙잡기 위해
자신을 훌훌 털어 버리는 거다

석류가 익어갈 때

자줏빛 바람
그 바람은 초록빛 잎사귀를 흔들어 깨우다가
순결한 꽃이 되었더라
심연에 잠긴 속 깊은 사랑과 정열이여
색바람 불고 찬비 내려 단풍 들더니
석류나무에 꽃 떨어지고
귤만한 황갈색 열매가 달렸더라
희락喜樂이 메마르던 뒤뜰 어디에서
외로움을 고즈넉이 지니고
자라 온 석류나무야, 너 석류는
그 작은 외로움들이 낱알의 씨앗 되어
둥근 집에 숨어서
빨갛게 익어 왔구나

누가 볼 세라 누가 알 세라
단단한 껍질에 싸여
만 가지 시름으로 사랑의 밀어를
간직했던 석류야

이제 터뜨려 보려무나
환히 웃어도 보려무나
겨울이 오기 전에
우리 입술을 부딪치고
찐한 사랑을 해 보자꾸나

연시軟柿

부엉이 울던
감꽃 새벽
보이지 않는 거룩한 신비가
자연 속에 있었다

감꽃 폭풍 일고
흐드러진 잎사귀
휘어진 가지마다 넉넉히 풋감 열리고
이따금 땡감 떨어질 때면
동이물에 삭혀 먹던 그 달콤함

감나무는 감나무는
꿈이 많아서
그처럼 많은 이파리 초록 편지지 만들더니
또다시 붉게 사랑으로 물들이는 감잎 편지

알몸으로 고독한 듯하면서도 여름 내내
둥글게 둥글게 모여 꿈속같이 머물다가

어느새 사랑의 보석을 알알이 익게 한다

가을의 계단을 성큼 넘어서면
그리움의 꽃 편지를 바람에게 건네주며
감은 더욱 탐스럽게 익어 간다

그러던 어느 날은 참다못해
울렁이던 속마음은 연시軟柿가 되어
채웠던 순정을
발갛게 고백하고야 말았다

포도알

포도알을 톡!
터트리자 입 안에서
사르르 싱그러운 향내가 난다

자줏빛 미각이
작은 행복으로
나를 녹인다

풍성히 맺힌 포도 한 송이
신비한 사랑이 되어
내 속에 스며든다

송편

오곡백과
무르익어 가는
가을엔

손맛 내는
손편
솔향 담은
솔편

반달을 빚어
둥근 사랑을 채워갈
송편으로

부모 형제자매
도란도란 추억 심을
고향의 떡이 그리워져요

제3부

배추 모종

새순은 연약해서
참 보드랍다

촉촉이 흙을 적셔 주면
생기가 난다
인생은 새순보다
더 연약하다
따뜻한 사랑 듬뿍
주어야 향기가 난다

배추 모종을 옮겨 심고
날마다 물을 주며
사랑의 밀어를 듣는다

아침 이슬

수정같이 투명한 사랑이다
젖은 숨결 혼자 지니고
동그란 몸뚱어리
아침 햇살에 사르르
그 성역의 지존을 불살라도
사람들은 모른다 그 사랑의 깊이를

내밀한 아픔 참으면서
비너스의 꽃 무덤이 댕그르르
제 몸 바쳐 초록으로 환생하는
고요로운 아침
풀잎 위에, 꽃잎 위에
고운 밤 지샌 향기가
눈물이 되어 흘러내린다

창가에 놓인 화초

목마른 창가에
향기로운 꽃 한 송이
놓여 있다

꽃이 어디 향기 만으로
아름다운 꽃이라
말할 수 있으랴

하나님의 사랑이
이파리 한 결 한 결
신비롭게 스몄으매

사람들은
사유의 올을 풀려고
목마른 창가에
꽃 한 송이 키운다

사람들에게 있어

꽃은 삶의
영원한 그리움일지니

안개 짙은 새벽

칠흑 깜깜 애태우며
밤새 촘촘히 걸어온 안개가
새벽안개 속에서 수줍어하네
원시 같은 어둠을 떨치지 못하고
세상 모습을 가린 채 창밖에서 오늘을 기다리네
부스스 눈 뜨고 거실에 나와 보면
아파트 베란다의 화초들은
나름대로 작은 초록 꿈을 펼치고 있다
철길 어디선가 기적이 울고
나는 창문을 연다
수줍어 수줍어 보여주진 않지만
싱그런 향내를 풍기며 면사포를 쓴 신부가
내 곁에 다가온다
꼬옥 꼭 숨긴 신부의 마음
이 새벽의 깨끗한 공기,
깊은 잠에서 깨어난 미련 없는 아침,
이제 곧 해가 뜨면 면사포를 벗고
신부는 나와 함께 동행하리라

하늘

강물처럼 푸르다
백조의 등에 올라타
한없이 날아가고 싶다
저 하늘 끝까지 날아나 봤으면
백조 한 마리 하늘에 떠 있다

단비

고독이 해체된다
어느 누구도 감내할 수 없는 미지의
어둠 같은 오염을 뽀얗게
씻어내는 빗줄기
헤아릴 수 없는 분자의 집합체가
웅장한 대자연의 교향곡이 되어
삶의 깃발을 펄럭인다
벌거벗은 살점 하나하나
촉촉이 적셔 초록 옷을 입히고
땅끝까지, 바다 끝까지
생명을 자라게 한다
비가 내린다
내 작은 우주 속에도 따스한 비가 내린다
신비의 교통은 이 대륙 위
우주정거장에서 비롯된다
가뭄 끝에 단비라
맘껏 생명의 존귀함를 누린다

빗줄기가 오선지 위에서 춤춘다
삶은 음악이 되어 흐른다

산 위에서 본 풍경

산꼭대기 바위 위에서 내려다본
작은 도시

풍경화를 조각한
연초록 화선지에
생명을 잉태시킨
놀라운 꿈의 조화

왜관의 영산 자고산 능선에서
영롱한 한 폭의 진품을 음미하는
시상 속에 수려한 꿈이 깃드네

가을날의 축제

도시의 인파가
거리로 쏟아지듯이
산길에서 낙엽이
쏟아져 나온다

언덕배기 아래
꼬불꼬불 산길 따라
갈색 옷이 쏟아져 나온다

혹독하게 추운 날
축제라도 열리려나
하늘이 파랗게 물빛처럼 차가운 날
바람은 휘파람을 불고

나목裸木에서 해방된 갈색 잎은
춤추며 공중곡예를 한다

강심江心

깎아서 넓어지고
패여서 깊어진
낙동강이여
그래서
유난히 짙푸르구나

깊기만 할까
얕은 곳도 있을진대
수면은 늘 잔잔하여라

뒤돌아보니 우리 인생도
강물의 아픔 같은
세상길 걸어왔구나

깊은 곳
얕은 곳
잘 덮어 주는 강물처럼

강심江心에 서 보면
우리의 희로애락도
강물처럼 평행선이 되었구나

가을 잠자리

잠자리는 정말
편하게 날아간다
잠잠히 날개를 펴고서도
드높이 나는 법을 안다

잠시 스쳐가는
생의 그림자
생각해 보면
맘껏 자유를 누리는 일이
너무 즐거워
미련 없이 하늘에 떠간다

푸른 하늘을 기폭에 담은
작은 경비행기처럼
생의 반환점을 돌아 소리도 없이

가을은 성큼, 중턱을 넘어선다

뿌리 계단

산길 걷노라면
오솔길에
나무뿌리 솟아 나와
계단을 만들었다

밟히고 찢긴 상처
불거진 뿌리 계단
무심코 사람들은
스쳐가지만

뿌리는 오로지
나뭇가지의 생명이기에
무던히 참고
견뎌야 한다

새벽별 따라

불면의 밤이 지나도
생존을 위해 인간은
다시 새날을 맞이해야 한다

발전과 번영의 해머 소리

들리지 않고
보이지 않는
열병은 가슴에 묻어 두고
그저 황홀한 삶으로 살아가라

밤새 초롱초롱
그토록 빛나던 별들도
새벽이 되면 나를 숨기고
파란 하늘 가슴에 안긴다

삶의 깊은 고독도
불면의 긴 밤으로 족해야 한다

새날이 오면 저 새벽 별들처럼
이름도 없이 빛도 없이
먼동이 터 오는
물빛 같은 하늘 속에
나를 슬며시 숨겨야 한다

길에 대한 명상

길이 길을 만나
동행하는 길
작은 자연이 큰 자연을 만나
친구를 얻게 되는 길

나무숲, 새들과 더불어
바람이 불면 향기로운 길

자연 속 점 하나인 나 하나가
작은 자연이 되어 만물을 만나는
신비로운 길

길을 걷다

길이 좋아졌다
길을 사랑하게 되었다
한 발자국, 두 발자국,
쉬이 걸을 수 있도록 만들어진 길
바쁘지 않게 걸어도
풍경이 천천히 다가와
마음을 열어 주는 길

여유롭게 걸어도
사시사철 계절을 일러 주는 산과 강
일 년 내내 걸어도 막아서는 이 없이 반겨주는
나뭇잎, 풀잎, 작은 벌레들
사람의 생존경쟁도 이 같으면
얼마나 좋을까

당당히 즐기면서 걸어가는 길
시기도, 질투도 훌훌 벗고
사랑만 포용하는 길

우윳빛 파도

육지에서 받아온
뽀얀 파도

갈매기 호위하며
도동에서 독도까지 나르고 있다
이백 리 바닷길 나르고 있다
한겨레 유람선 지날 때마다
뽀얗게 뿜어대는 물빛

독도의 선착장 머물러
독립문 바위 지나
서도로 돌아가며
사면 바다 위에 넘치는 파도

우리 땅
독도에서 다시 울릉도로
파도 따라 유람선도
떠나간다

우윳빛 철썩철썩 나르고 있다

낙동강

백포산 낮은 산등성이를 안고
낙동강은 흐른다
왜관은 관호리 동남쪽 강가에서
백포산과 혼인하여
강 건너 허허한 돌밭에서
신접살림을 차렸다
갈대밭 불모지가 따뜻한 둥지를
틀 때까지 뱃고동 소리는
늘 울어야 했다

오! 낙동강
그 옛날 소금 객주들의 왕국이던
긴 뱃길
50년대엔 포화 속에
쑥밭이 되었고
강물은 핏빛 되어 호국의 정령은
민족을 불렀더라

낙동강은
수줍은 강변의 산들을 가슴에 품고
동족상잔의 아픔을 씻고
굽이굽이 흘러간다
강여울 속에 출렁이는 하얀 달빛
아름다운 월하사원月下沙原의
은세계여
창마로부터 하포, 강정, 금남나루
성주대교까지 반짝이는 은모래빛 꿈들

제4부

자고산

등성이마다 봄빛 피어나고
뙈기밭 자락 쪼만한 이랑
살뜰히 봄 애정이 솟아난다

어느덧, 산자락엔
솔숲 우거지고 다시
흘러가는 한 세기

뒤돌아보면 설움에 겨웠지만
힘겨웠던 인내 한 자락에
꿈이 영근 산

자고산은 이름없는 영령들의 수호산
낙동강과 짝하여 하늘을 이고
긴 세월 하루같이 지내오며
다시 초록, 새순 돋는 봄의 환희를
일구는 뿌리 깊은 산

자고산 속에는

왜관의

깊은 숨결이 살아 있다

고향 마을

경산은 지금
성형수술이 끝났습니다
유명세를 떨치는
이십일 세기 신도시 의료진이
옛 얼굴을 개조하였습니다

편지를 나르던 백천동은 지금 전혀 낯선 풍경입니다
멱을 감던 동구 앞 실개천이 지워져
신시가지 도로가 되고
샘골로 향하는 한적한 모래사장 둑길이
알록달록한 번화가가 되었습니다

보리밭 출렁이며 푸르던 들에는
아파트가 점령해 있고
내가 살던 백천동 3구 사택 안마을에
정들었던 옛날 집 앞 공동 우물도 보이지 않고
골목의 윤곽만 조금씩 기억을 찾아줄 뿐입니다

일제강점기 낡은 관사를 헐지 못한 채
찢어지게 가난했던 ‘사택 마을’은 어디로 갔을까
미래의 길을 끊임없이 걸어온 나는 늙었고
고향은 그동안 신도시로 변했습니다

유안청폭포

거창 금원산 계곡엔
'유안청폭포'가 있다
쉽사리 눈에 띄지 않는 뒷산 모퉁이 골짝으로
더위에 지친 나른한 발길 옮기면
층층 돌벽 이루며
옥구슬 구르듯 흘러내리는 물소리

불현듯 정신이 맑아지고
잊지 못할 사랑하는 여인의 미소처럼
청량한 물구슬 살포시 내 영혼에 안긴다
미풍이 일 때면 퐁퐁퐁 장단 맞추며
들려오는 자연의 음악 소리에
세상 근심 썰물처럼 사라진다

보문호수

콩코드 호텔 창너머 보문호수는
수줍은 소녀 얼굴 같아라
그윽이 비쳐 오는 은빛 선율은
연인의 미소처럼 맘이 설레라
호숫가 숲에 포근히 안긴
마음밭엔 예쁜 꽃들이 피어난다

나는 어느덧 옛 천년 고도의
신라인이 된 듯하다

백령도

소청도를 거쳐
대청도를 만난 후
백령도에 이른다

인천 연안 부두에서
서해 최북단 백령항을 향해 달리면
더이상 북으로 비상할 수 없는
서러운 바다에 닿아
민족의 염원이 파도친다

육지에서 네 시간 바닷길
파도에 시달린 섬이
어쩌면 이렇게도 비옥할 수 있을까
가슴 깊이 짜릿한 감동뿐인데

백령에서 전용 버스를 타고
해안에서 뭍으로
뭍에서 해안으로

꼬불꼬불 섬마을의 협곡과
광활하게 펼쳐진 들녘을 휘돌아 가면
천혜의 자연 백령의 숨결이
시원스러운 바람이 되어 온몸을 휘감는다

천연 활주로, 심청각
콩돌 해안
바다와 섬의 궁합이 맞아
천연의 신비가 숨어 있는 곳

유학산

마주보는 '쉰질바위'
도봉사 뒤 암벽이 두렵지만
그래도 등산로에 올라서면
바위 틈틈이
유연한 산자락이 너무 포근해
정겨운 마음으로 오르고 싶다

6·25의 처절한 전투 속에
당당히 승리의 기치를 든
유학산

가파르게 보여도 순하고 부드러운 산
어머니를 닮아 숱한 아픔을
인내로 삭이고
꿋꿋이 일어선 839고지

팔각정에 서면
사면팔방 다가온 하늘과

산 아래 촘촘히 둘러선
칠곡의 산하를 향해
유학산은 뜻 깊은 시선으로
전쟁의 역사를 일깨워 준다

대둔산의 여름

초록은 나뭇가지를
사방으로 당겨 모아
짙은 여름의 정취를 꾸민다

싱그런 기쁨 하나 찾아와
벤치에 앉아 있는 내 마음을
예쁘게 색칠하면

달아오른 여름 향기에 취해서
멀리 있던 하늘이
바람을 타고 내려와
파란 꿈을 만들어 준다

행복은 풍선처럼 부풀어 오르고
대둔산의 여름은 더욱 깊어 간다

성밖 버들숲

물빛처럼 파란 하늘엔
뭉게구름 떠 있고
아름드리 버들이 서 있는 성밖 버들숲

풍설을 이긴 흔적이
거대한 몸체가 되어
하늘을 받치고 늠름히 서 있다

초록 곁가지를 어린 자식 거느리듯
칭칭 드리운 노목 버들숲
몇백 년이 되었을까

나이테 바깥으로
죽음에의 부활처럼
다시 돋아나는 소생

생존의 인연들을 자연 속에
말없이 품고
성밖 버들숲은 빛나고 있다

낙동강의 평화

언제부터 이 땅에 평화가 시작되었나
하늘은 강 속에서 푸르고
구름은 산봉우리 감돌다가
강물 속에 마음을 담그네

산이 사랑스러워 다가서던 구름은
저녁 햇살 맞고서 얼굴 붉히며
수줍은 마음 강물 속에 담그네

얕은 곳도 있고 깊은 곳도 있는 수심은
겉으로는 유연하게 수평을 이루면서
천년의 자태로 흐르네

어둠이 쉬 오면 제모습 숨기며
하늘과 강, 산과 구름 서로 짝지어
세월의 술래잡기를 한다

평화는 소중한 것

우리에게 언제부터 평화가 시작되었나

긴 세월을 흐르면서 스스로의 인내를 추스를 때마다
잔잔한 물꽃을 피우는 낙동강
겨레의 젖줄로 푸르게 흐르네

낙동강의 야경

해가 지면 달빛 조명으로 강이 빛나고
완연히 비쳐 오는 도시의 얼굴
흑백필름에서 서서히 번져
완성되는 즉석카메라처럼
낙동강 둑마루 아래
불빛으로 투영된
화려한 영상

속눈썹에 맺힌 이슬 같은
영롱한 물빛이
도시의 불빛과 어울리면
어찌 그리 장엄한지

강은,
고요하고 이채롭다

툭툭이 기사들

캄보디아 앙코르와트 툭툭이는
영업용 택시

오트바이의
화려한 2인용 객석은
손님을 왕으로 모시는
이 나라의 VIP 접대

흙먼지와 정글의 도로를 지나기 위해
마스크와 안경이 필수지만
그래도 툭툭이는 이색적 명물

저들의 생업이기에
성실하고 친절한 툭툭이 기사들

시엠립에서

태국의 시암족을 물리쳤다고
시엠립이라 불리는 이 도시는
침묵하는 장엄한 앙코르왓이 있다

남으로는 톤레샵 호수와
북으로는 앙코르의 시바신이 살고 있었다는
수미산의 번성과
크메르인들의 빛나는 유산들

전통과 역사의 유적 속에
크메르루즈에 의해 학살된
킬링필드 사건과

프랑스, 태국, 베트남의 점령으로
자존을 잃어버리고
노예가 된 민족 설움이
앙코르 속에 젖어 있다

지금 이 순간에도
원 달러를 외치는
톤레샵 호수의 애처로운
빈민의 눈동자

아기를 안고 흙탕물 속에서 애원하는
까맣게 야윈 아주머니 모습이 아른거릴 때
캄보디아의 슬픈 역사가 떠오른다

하노이에서

하노이 풍경은
교통지옥

아슬아슬
오토바이 홍수 속을
질주하는 자동차들과
무모한 혼잡 속에
체험관광을 하는
일명 시클로의 행렬

숨 막힐 듯 혼잡 속에
하노이는
쉼터가 공유하는
마법의 성

하노이 중심가
호안끼엠 호수에는
거북이 나와서 레러이에게

보검을 주었고
레러이는 왕이 된 전설과
민족의 영웅 호찌민의 영묘가 있는
바덴 광장의 침묵

하롱베이 바다 풍경

하나님이 만드신
불멸의
조각품이다

용이 내려왔다는
하롱만은
바다의 계림이다

기라성같이 늠름한
바다에 떠 있는 유람선을 본다

호수같이 맑은 바다에
보석 같은 섬 기둥들이
갖가지 모양으로 바다를
호위해 있고
햇빛이 옮겨질 때마다
새롭게 변신한다

티톱섬 전망대에서
바라본 바다 풍경은
지구의 문을 활짝 열고 있다

중매仲媒

우체국에서
삼십여 년 몸담았었다

길을 나서면
골목골목 집집마다 편지를 주고받던
정겨웠던 추억이 되살아난다

젊을 적 어느 단골집에서는
맘이 착하다고 중매를 서두르던
아지매가 있었다

"키가 작아서 장가도 못 갔겠지"

그러던 어느 날 퇴근 후
다섯 살짜리 아들을
자전거 뒤에 태우고 가다가
딱 걸렸다

“아저씨 장가가서
아들까지 있었네”

마주보고 웃었다

사랑의 집배원

너에게 사랑을 전수받았다
이제 포장되어 길 떠나는 날이다

사랑하는 이에게 전해 줄
소포의 겉포장이 너무 예쁘다
겉포장 만으로도
받는 이의 환심을 충분히 살 것이다

소포를 받을 이의 마음은

'소소한 기쁨'과
'포근한 행복'의 이름일까

보내는 이의 마음을 전해 주는
우체부 아저씨를
우리는 "사랑의 집배원"이라 불러준다

해설
자연에서 찾은 오묘한 삶

해설

자연에서 찾은 오묘한 삶

박지영 시인·문학평론가

1. 전 생애를 꿰뚫어 본 시

시인이 새로운 이미지를 통해 시를 표현할 때 사고가 풍요로워지는 동시에 언어 또한 꿈을 꾸게 된다. 인간 존재는 그가 사용하는 말에서 그 사람을 인식할 수 있다. 하이데거가 “언어는 존재의 집”이라 했듯이 말은 곧, 인간 존재의 정신적 거처를 나타낸다. 그 말이 인간 정신의 직접적 영향을 끼치기 때문이다. 이광수 시인의 첫 시집인 『빨간 우체통』을 통해, 시에 활용한 언어로 그의 사유의 과정을 살펴볼 수 있다.

전통 서정시는 1인칭 시점을 많이 사용한다. 보편적인 세계를 자아와 일치시키는 방법을 구현하며 유토피아를 꿈꾸는 것이 기본 문법이다. 이광수 시인은 서정시의 틀을 벗어나지 않고 대상과의 교감으로 내면의 진실을 담아냈다. 그의 시의 행간에는 자연에서 터득한 지혜가 곳곳에 담겨 있다.

숲길 위엔 바위가 있었습니다
바위는 천만년이란 긴 세월을 보내고도
행복이란 전혀 모르고 지냈습니다

행복은커녕
여름의 소나기는 바위를 두들겼고
겨울의 눈보라는 바위를 휘몰아쳤습니다

그러나 바위는
좁다란 숲길 위에서
굳고 단단한 스스로를 지키면서
참아야만 했습니다

모진 세월이 가고 또
지나갔습니다마는
바위는 스스로의 의지로 참아냈습니다

이제
번개도 뇌성도 두려워하지 않는
그런 굳센 바위가 되었습니다

—「바위가 굳어신 내력」 전문

「바위가 굳어진 내력」은 시인이 중학교 2학년 때 쓴 첫 작품이라고 머리말에 밝혔다. 중학교 2학년 때 바위를 바라보았던 마음가짐이 시인의 전 생애에 영향을 미친 것 같다. 삶의 역경을 딛고 건너온 시간의 이력과 「바위가 굳어진 내력」이 맞물려 있다.

간혹 연기자들이나 가수들의 경우 자신의 첫 작품이나 인기곡의 운명처럼 살아간다는 말이 있다. 그렇듯 시인이 중학교 학창 시절에 쓴 「바위의 굳어진 내력」이 시인의 운명을 예견한 시가 아닌가 싶다. 중학생이 인생을 어느 정도 살아 본 어른처럼 묵직한 시를 썼다. 이미 철이 든 애어른 같다. 행복은 전혀 모르고, "여름 소나기"와 "한겨울 눈보라" 같은 모진 고난과 세월 속에서 "스스로를 지키며 참아야만" 하고, "스스로의 의지로 참아냈습니다"라며 번개와 뇌성도 두려워하지 않는 "굳센 바위가 되었습니다"라고 진술했다. 이렇듯 그의 전생애를 꿰뚫어 본 듯한 예지叡智의 시를 썼다.

2. 내 속에 갇혀 있는 자아

내가 산산이 부서질 때도 헛말이라도
건방진 소리 한번 하지 못하고
속병 앓듯 살아온 날들

이것이 인생이냐고 내게 물어봅니다
어둠에 휩싸여 때로는 남들에게 무시당할 때
작아지는 내 모습이 너무 서러웠습니다
그럴 때마다 슬픔은 오히려 나를 반격하고
낮은 자리에서 성실히 사는 생을 욕되게 만들었습니다

―「강물처럼」 부분

시인은 참으로 내성적이고 조용한 성격의 소유자인 것 같다. "건방진 소리 한번 하지 못하고" 속병 앓듯 살아왔다고 한다. "남들에게 무시당할 때 / 작아지는 내 모습이 너무 서러웠습니다"란 속엣말을 뱉어 놓았다. 그런데 그런 자신을 들여다보면 슬픔이 북받쳐 오르게 되는데, 그런 '나'를 다독이기보다 "나를 반격"했다고 한다. 내가 '나'를 사랑해야 하는데 '나'를 공격하고 반격한 것을 두고 "성실히 사는 생을 욕되게 만들"었다고 내 안의 또 다른 '나'는 '나'를 나무랐다는 것이다. 그 상황에서 아무 말도 못한 자신에 대해 그의 심리 속에서 자아와 초자아가 서로 반격하고 공격하니 불편했을 것이나. 타인이 보기에는 온화하고 조용해 보여도 자신은 무척 고통스러웠을 것이다. 남의 눈을 의식하고 자신을 가두었으니 내면은 결코 평온하지 않았을 거다.

시인은 곤고한 삶을 살아온 것을 터놓고 말하지 않고 슬쩍슬쩍 내비치고 있다. "삶의 가시가 쉴 새 없이 찔러대도"(「소망)」, "나이테만큼 수심에 차 있다"(「나이테」)고 한다. 나이테라면 자신의 나이만큼 내면에는 수심이 차 있다는 말이겠다. 또한 "산다는 것이 그리 쉽지만 않던"(생의 숲속에 바람이 불고), "뒤돌아보니 우리 인생도 / 강물의 아픔 같은 / 세상길 걸어왔구나"(「강심江心」)에서 시인의 고통스러웠던 삶에 대해 말하고 있다. 하지만 그는 여기에서도 구체적으로 고통스러웠던 사건이나 수심에 찬 일을 말하지 못하고 변죽만 울리고 있다.

하지만 이광수 시인은 지난날을 후회하지 않는다고 한다. 그간의 삶이 강물처럼 굽이굽이 휘돌아 왔지만 "굽어졌던 내 삶을 펴보고 싶어요" 라며 자신의 소망을 강물에 빗대 놓을 뿐이다.

사람들을 만나면
속내를 밝히고
친하고 싶은데
나는 또 망설인다

실수나 하지 않을까
속마음을 너무 내보이면
실망하지 않을까

내 마음은 이미 속속들이
남에게 읽히고 있는데
갈고 닦지 못한 나는
늘 내 속에 갇혀 있네

―「아직도 나는」 전문

위 시를 보면 시인의 성정이 잘 보인다. 사람들을 만나면 속내를 밝히고 다가가고 싶은데 "나는 망설인다", "실수하지 않을까", "실망하지 않을까" 하는 염려와 근심으로 마음이 편치 않다. 대인 관계가 익숙하지 않은 화자는 사람을 만나는 자리는 만나기도 전에 이미 불편해져 "늘 내 속에 갇혀" 있다. 화자는 이미 속속들이 타인에게 내 마음이 읽혔다고 생각하는데 그건 화자 자신의 대인 관계의 두려움으로 인해 생긴 본인의 생각일 수 있다. 사람은 말하지 않으면 정확하게 그 사람의 의중을 알 수 없다. 시인은 생각이 아주 많은 사람이다. 어떤 말도 잘 하지 않으면서 머릿속에서 이 생각 저 생각하고 있다. 생각이 많다 보니 "내 속에 갇혀" 있을 수밖에 없다. 아프면 아프다, 슬프면 슬프다, 싫으면 싫다 해도 되는데, 시인은 인간 본연의 희노애락의 감정마저 드러내지 않고 지내왔던 것 같다. 늘 내 속에 갇혀 "나를 숨기고"(「새벽별 따라」) 살았다. 시인의 삶의 여정을 따라가 보면 「새벽별 따라」에서 시인이 삶을 대하는 태도가 잘 드러나 있다. 새벽이 되면 "나를 숨기고", 먼동이 터 오면 하늘 속에 "나를 슬며시 숨겨야 한다"고 했다. 시인이 그간 자신을 얼마나 낮추고 자신을 가두며 살아왔는지 '숨기고'라는 한마디가 다 말하고 있다.

3. 그저 자연이 좋아서

"외로움을 삶의 향기쯤으로 아는 / 나의 속성은"(「생의 숲속에 바람이 불고」)이라고 외로움에 대해서도 능치고 있다. "산다는 건 마음을 비우는 것"이라는 삶의 연륜이 있는 지혜자만이 할 수 있는 말을 내놓기도 한다. "속내를 밝혀 말하고 싶지는 않지만 / 산다는 것이 그리 쉽지만은 않던"(「생의 숲속에 바람이 불고」)이라며 말하고 싶지 않은, 쉽지만은 않았던 인생의 애환과 고통을 슬쩍 내비치지만 크나큰 고통이나 아픔, 슬픔을 구체적으로 표현하지는 않았다.

이광수 시인은 사람보다 자연에 마음을 열어놓는다. 하늘, 파도, 구름, 연시, 난, 화초, 배추 모종에 관심을 가지고 자연과 같이 있으면 "아픈 줄도 모르고 살아간다"

하늘을 보며 살아간다
그저 푸른 하늘이 좋아서

하늘만 보며 살아간다
삶의 가시가 쉴 새 없이 찔러대도
저 높은 하늘 속에 둥둥둥
구름 빛깔이 너무 부드러워
아픈 줄 모르고 살아간다
하늘 속엔 아름다운 기도가 있다
깨끗한 믿음이 있다
넓은 풍요가 있다
내 가슴의 포부 하나가 하늘로 올라간다
사람들은 다 땅에서 태어났지만
빛나는 소망은 하늘에 두고 산다
사람들,
사람들은 산 너머 산 너머
파란 하늘빛을 찾아간다
그것이 인생의 소망 유토피아가 아닌가

—「소망」 전문

기독교 신자인 시인은 자연의 순수함, 풍요로움을 만끽한다. 자연은 주신 하나님을 찬양하면서 자연은 있는 그대로의 나를 바라봐 주고 결코 배신하지 않기에 자연을 믿는다. 하늘이 좋아 하늘만 바라보고 "삶의 가시가 쉴 새 없이 찔러대도" 둥둥둥 떠가는 구름을 바라보면 아픈 줄도 모른다.

"하늘 속엔 아름다운 기도가 있다 / 깨끗한 믿음이 있다 /

넓은 풍요가 있다"고 말하는데 시인이 말하는 하늘은 현실에 우리가 바라보는 하늘이 아니라 기독교인들이 말하는 천국의 이미지로서의 하늘이다. 그래서 시인은 "포부 하나가 하늘로 올라간다" 말하고 "빛나는 소망을 하늘에 두고 산다"고 말할 수 있는 것이다. 시인은 "산 너머 파란 하늘빛을 찾아" 천국 낙원 유토피아를 꿈꾸며 소망하는 것이다.

하늘에 구름 가득
간간이 비 내리고
메말랐던 대지를 촉촉이 적시면서
하루가 오고 있다

오늘은 내가 이 세상에 태어났던
가장 아름다운 날
살아 있던 모든 것 앞에
새 생명을 알리던 날

영원한 피안에서
실존의 세계로 도전하던 날
그날로부터 오늘까지
이 세상 넓고 아늑한 자연 속에
나를 맡기고 순응하며 살아왔다

살아온 날이 길었지만
새신랑처럼 다시 새롭게
마음이 설레고 싶은 날

—「생일」 전문

대지를 촉촉이 적시며 오늘이라는 하루가 오고 있다. "오늘은 내가 이 세상에 태어났던 날이다" 이 날은 "가장 아름다운 날이다"라며 살아 있는 것에 새 생명을 알리던 날이라고 말하고 있다. 여기서도 시인은 자연 속에 자신을 맡기고 순응하며 자연과의 조화로운 삶을 살아가고 있다고 당당히 전하고 있다. 그러면서 "새신랑처럼 다시 새롭게 / 마음 설레고 싶은 날"이라고 한다. 자신의 생일을 맞아 새신랑처럼 마음 설레는 사람이 또 있을까 생각하니, 이렇게 말할 수 있는 시인은 아름다운 삶을 살아왔던 것 같다. 생일을 맞아 자신에게 주는 이 보다 더 아름다운 메시지는 없으리라 본다.

이것만 보더라도 시인은 아주 긍정적으로 자연에 순응해 자연을 벗하고 자연에 기대어 매사에 감사한 마음으로 살아가는 듯하다. 그는 남다른 세계관을 가지고 있다. 그렇지 않고는 자신의 생일에 새신랑처럼 마음 설레고 싶은 날이 될 수 없다.

4. 자연과의 합일을 꿈꾸며

칠흑 깜깜 애태우며
밤새 촘촘히 걸어온 안개가
새벽안개 속에서 수줍어하네
원시 같은 어둠을 떨치지 못하고
세상 모습을 가린 채 창밖에서 오늘을 기다리네
부스스 눈 뜨고 거실에 나와 보면
아파트 베란다의 화초들은
나름대로 작은 초록 꿈을 펼치고 있다
철길 어디선가 기적이 울고
나는 창문을 연다
수줍어 수줍어 보여 주진 않지만
싱그런 향내를 풍기며 면사포를 쓴 신부가
내 곁에 다가온다
꼬옥 꼭 숨긴 신부의 마음
이 새벽의 깨끗한 공기,
깊은 잠에서 깨어난 미련 없는 아침,
이제 곧 해가 뜨면 면사포를 벗고
신부는 나와 함께 동행하리라

—「안개 짙은 새벽」 전문

"밤새 촘촘히 걸어온 안개"라는 구절은 바슐라르가 말하는 공기의 물질적 상상력이 스며 있다. 이광수 시인이 이끄는 대로 안개 짙은 새벽에 창문을 열면 "싱그런 향내를 풍기며 면사포를 쓴 신부가 / 내 곁에 다가온다 / 꼬옥 꼭 숨긴 신부의 마음 / 이 새벽 깨끗한 공기"라며 환상적인 분위기를 연출하고 있다. 안개가 자욱이 온 세상을 뒤덮고 있는 장면이 눈에 어린다. 안개 낀 새벽 창을 열고 안개와 조우하는 것을 두고 면사포 쓴 신부가 내 곁으로 다가온다고 표현하고 있다.

안개가 얼굴에 스칠 때 싱그런 향내를 풍긴다니, 이 광경을 머릿속으로 떠올려 보라. 얼마나 아름다운가. "싱그런 향내"의 후각과 "면사포 쓴 신부"의 시각적인 것이 공감각적으로 결합하여 맞이하는 자연과의 합일의 순간이다. 안개와 같은 대기의 공기를 통해 보여 주는 상상력은 에로틱하다. 이 시집에서 가장 눈여겨볼 부분이다.

프랑스 시인 기유에빅은 "바람 속에는 / 누군가 있다"(『물과 뭍으로 된』)는 구절을 내놓았다. 그렇듯 안개 속에 누군가 있어 "내 곁에 다가온다" 그 누군가가 면사포 쓴 신부다. "면사포를 벗고 / 신부는 나와 함께 하루를 동행"한다면 그날은 종일 콧노래를 흥얼거려도 좋으리라.

새순은 연약해서

참 보드랍다

촉촉이 흙을 적셔 주면
생기가 난다
인생은 새순보다
더 연약하다
따뜻한 사랑 듬뿍
주어야 향기가 난다

배추 모종을 옮겨 심고
날마다 물을 주며
사랑의 밀어를 듣는다

—「배추 모종」 전문

시인은 주변에서 느끼지 못했던 사랑을 자연에서 발견하고 따뜻한 부드러움을 시에 끌어들여 「배추 모종」을 썼다. 이 시를 보니 낭만적인 시인 윌리엄 워즈워드가 떠오른다. 자연과 인간의 교감을 시로 노래한 시인이다. 대자연에 대해 경건한 마음이 깃들어 있는 시를 많이 썼다.

새순은 연약한데 "인생은 새순보다 더 연약하다"는 깨달음의 화두 같은 지혜가 담긴 말을 풀어놓았다. 그래서 따뜻한 사랑 듬뿍 주어야 향기가 난다는 것이다. 이는 자연과의 사랑을 주고받지 않으면 깨닫지 못하는 귀한 말이다, 자연과의 합일에서 터득한 삶이기에 가능하다. 배추 모종에 날마다 물을 주며 사랑의 밀어를 듣는 시인은 물을 주는 것이 아니라 사랑을 주고 있기에 사랑의 밀어를 들을 수 있다. 배추를 키워본 사람만이 대지의 숨소리를 들을 수 있다. 대지에서 감미로운 사랑의 밀어를 듣는다는 시인의 상상력이 돋보인다.

"하나님의 사랑이 / 이파리 한 결 한 결 / 신비롭게 스몄으매"(「창가에 놓인 화초」)에서 화초에서 새순이 나고 꽃이 피고 향기가 나는 것은 하나님의 사랑이 스몄기에 가능한 일이라 한다. 자연을 경외하는 것이 곧 시인에게는 하나님을 경외하는 것이다.

5. 고통을 시로 승화시키다

부부는 숫자 11처럼 서로 마주보는 사이,
극장가 11번지 대형 스크린이다
화면이 열리기까지 실내는 캄캄하다
장막이 서서히 걷힐 때쯤 주인공이 나온다
천생의 인연 같은 숫자 11의 출연이다
숫자 11은 언제나 주연배우다
관객의 반응은 어떨까
삶은 늘 상대성원리를 가진 지렛대다
대형 스크린 속에서 그들의 연기력은 훌륭하며
완전 생방영이다

하나 그들의 존재는 세상 속의 많은 출연자 중에 모래알같이
미약한 존재임을 부인할 수 없다
삶은 오묘한 것
희망은 햇살 따라 숫자 11 사이로 스며든다
높은 산에 오르기도 하고
행운이 따르면 낮은 산이나 들을
시원하게 달릴 때도 있지만
특이한 건 오뚝이처럼 하늘을 향해 언제라도
우뚝 설 수 있는 것이다
마주선 두 사람 그들은 남자와 여자다
천생연분 아름다운 사랑을 갈망하며
서로의 깊이를 탐닉한다
그들은 또 침착하게
자신의 삶을 조명할 줄 안다
자신을 촬영하는 일
두 다리 꼿꼿이 서서 미래를 바라보면
아, 열을 채우고도
하나를 더 남길 수 있는
진리의 숫자가 보인다

— 「부부」 전문

1이라는 객체가 또 1을 만나 11이라는 숫자로 어우러졌다. 1과 1 사이는 "마주보는 사이"이고 "천생의 인연 같은 숫자"이고, 11은 부부처럼 마주보는 것이라고 이광수 시인은 설명

한다. 11월 11일을 빼빼로 데이라고 해서 남녀가 서로 챙기기도 하는 날이 되었다. 숫자 11은 행운의 수로, 때로는 불행의 수로 여겨져 왔다. 11은 1이 두 개로써 양발로 버틴다는 의미도 있다. 숫자의 특성을 찾아보니 11의 숫자는 새로운 세상, 사후세계에 도전하는 숫자라고 한다. 10으로 시작하여 더 나아가려는 성질에 의하여 탄생한 숫자로 더 넓고 새로운 세상을 창조하기 위하여 시작과 끝을 가늠하는 숫자이다.

다시 시인의 시 「부부」를 보면 11이라는 숫자가 영화스크린 속의 각자가 주인공이 되어 11을 이루어 가는 과정을 그리고 있다. 세상의 많은 11들이 모여 사는 세상에서 "모래알 같이 미약한 존재"이고 그들의 "삶은 오묘한" 것이라 말한다. 희망이 11 사이로 스며들어 "오뚝이처럼 하늘을 향해 언제라도 / 우뚝 설 수 있는 것이다"라는 진술도 내놓는다. 한편 시인은 마주선 두 사람이 꼿꼿이 서서 미래를 바라보면 열을 채우고 더 나아가 하나를 더 남길 수 있는 진리의 숫자가 보인다는 것이다. 남자 여자가 서로 등 기대고 서 있는 것을 연상해 11의 숫자의 의미를 이광수 시인은 「부부」로 만들어 냈다.

속도 겉도 빨갛다
빨간 내 가슴엔 사랑의 문이 있다
남의 사랑만 간직하는 문

온종일 서 있으면 피곤도 잊은 채
심장에는 고동소리가 울린다
통통통
하나 둘 별빛이 되어 쌓이는 사연

비워도 비워도
쌓여만 가는
속 깊은 사연들

하지만 세상사 허무해
수많은 사연들도
내 곁에서 떠나가면 그만이다

속도 겉도 빨갛다
그래서 그런지
떠나간 빈자리에 언제나
빨갛게 사랑이 타고 있다

—「빨간 우체통」 전문

우편집배원으로 근무하다 퇴직했던 이광수 시인과 빨간 우체통은 동질감을 갖고 있다. "내 가슴에 사랑의 문이 있다 / 남의 사랑만 간직하는 문" 예전에는 우체통에 편지와 엽서에 우표를 붙여 우체통에 넣으면 집배원이 수거해 갔다. 요즘 젊은 사람들은 잘 알지 못하겠지만 편지가 상대방에게 가닿는 시간이 있고 답장을 받는데도 몇 날이 소요되었다. 당시에는 많은 이들이 애절한 사랑의 편지나 소식, 합격 통지서, 전보를 가져 오는 집배원을 뉴 빠지게 기다렸다. 집배원이 사랑의 메신저 역할을 했다. 하지만 사랑이 익어 갔는지 식어 버렸는지 집배원인 그의 손을 떠나면 그만이다. 애타게 기다리던 이들에게 우편물을 전달하고 빈 가방을 메고 오는 길은 허전할 것 같다. 속도 겉도 빨간 우체통은 늘 허기가 져 꾸역꾸역 먹어도 먹어도 허기가 채워지지 않는다. 그래 그 "빈자리에 빨갛게 사랑이 타고" 있는가 보다.

시집 『빨간 우체통』을 읽으며 이광수 시인의 세계관을 살펴보았다. 시인은 한 고통이 다른 고통을 부르지 않고, 고통을 직시하지도 않으며 고통을 승화시켜 부드럽게 녹여 버리고 있었다. 「바위가 굳어진 내력」처럼 단단한 영혼의 소유자로 흔들림이 없이 한평생 꼿꼿하게 버텨 왔다. "길이 길을 만나 동행하고 작은 자연이 큰 자연을 만나"(「길에 대한 명상」) 서로 어우러져 친구처럼 살아가는 것이 인생이라고 했다. 시인은 대자연 앞에서도 자신을 한없이 낮추었고, 그리스도의 사랑을 몸소 실천하는 마음으로 자연과 합일을 꿈꾸며 고통을 시로 승화시켜 나간 아름다운 영혼의 소유자이다. 평강하시길 빈다.

이광수 시집
빨간 우체통

초판 1쇄 발행 2022년 9월 30일

지은이 이광수
펴낸이 이은재
펴낸곳 도서출판 그루

출판등록 1983. 3. 26(제1-61호)
42452 대구광역시 남구 큰골 3길 30
TEL 053-253-7872 / FAX 053-257-7884
E-mail / guroo@guroo.co.kr

값10,000원
ISBN 978-89-8069-473-0